attribué à hopotion III

CAMPAGNE DE 1870.

DES CAUSES
QUI ONT AMENÉ
LA CAPITULATION DE SEDAN

PAR

un Officier attaché à l'État-Major Général,

AVEC LES PLANS DE LA PLACE ET DE LA BATAILLE.

DEUXIÈME ÉDITION.

Prix : 75 centimes

BRUXELLES,
LIBRAIRIE UNIVERSELLE DE J. ROZEZ,
rue de la Madeleine, 87.

Bruxelles. — Imp. de CH. LELONG, rue du Commerce, 25.

CAMPAGNE DE 1870.

DES CAUSES
QUI ONT AMENÉ
LA CAPITULATION DE SEDAN
PAR
UN OFFICIER ATTACHÉ A L'ÉTAT-MAJOR GÉNÉRAL.
avec les plans de la place et de la bataille.

Lorsque la guerre fut déclarée et que l'Empereur prit le commandement en chef des armées françaises, il exprima souvent cette pensée qui se reflète dans sa proclamation, que la campagne qui allait commencer présenterait les plus grandes difficultés. Au milieu du contentement que devait lui faire éprouver l'enthousiasme éclatant partout sur ses pas, on remarquait dans ses traits une impression de tristesse lorsqu'il entendait les plus exaltés crier : à Berlin, à Berlin ! — comme s'il ne se fût agi que d'une simple promenade militaire, et qu'il eût suffi de marcher en avant pour vaincre la nation d'Europe la plus rompue au métier des armes et la mieux préparée à la guerre.

L'Empereur savait que la Prusse pouvait mettre sur pied en peu de temps 900 mille hommes, et, avec le concours des États du Sud, onze cent mille ; la France ne pouvait lui en opposer que 600 mille. Et, comme le nombre des combattants n'est jamais que la moitié des effectifs réels, l'Allemagne était en mesure d'amener sur le champ de bataille 550 mille hommes, tandis que nous n'en avions que 300 mille environ à mettre en ligne devant l'ennemi.

Pour compenser cette infériorité numérique il fallait, par un mouvement rapide, passer le Rhin, séparer l'Allemagne du Sud de la confédération du Nord et, par l'éclat d'un premier succès, attirer dans notre alliance l'Autriche et l'Italie.

Si l'on parvenait à empêcher les armées de l'Allemagne du Sud de se joindre à celles du Nord, l'effectif de l'armée prussienne se trouvait réduit de 200,000 hommes et la disproportion entre le nombre des combattants diminuait. Si l'Autriche et l'Italie faisaient cause commune avec la France, la supériorité du nombre se déplaçait à notre avantage.

Le plan de campagne de l'Empereur qu'il ne confia, à Paris, qu'aux maréchaux de Mac-Mahon et Lebœuf, consistait à réunir 150 mille hommes à Metz, 100 mille à Strasbourg et 50 mille au camp de Châlons.

La concentration des deux premières armées, l'une sur la Sarre, l'autre sur le Rhin, ne dévoilait pas ses projets, car l'ennemi était laissé dans l'incertitude de savoir si l'attaque se porterait contre les provinces Rhénanes ou contre le grand-duché de Bade.

Dès que ces troupes auraient été concentrées sur les points indiqués, l'Empereur comptait réunir l'armée de Metz à celle de Strasbourg et, à la tête de 250 mille hommes, passer le Rhin à Maxau, laissant à droite la forteresse de Rastadt et à gauche celle de Germersheim. Arrivé de l'autre côté du Rhin, il forçait les états du Sud à observer la neutralité et se portait ensuite à la rencontre des Prussiens. Pendant que ce mouvement se serait opéré, les 50 mille hommes assemblés au camp de Châlons sous les ordres du maréchal Canrobert devaient se diriger sur Metz pour y protéger les derrières de l'armée et surveiller la frontière Nord-Est. En même temps notre flotte croisant dans la Baltique aurait retenu et immobilisé dans le nord de la Prusse une partie des forces ennemies pour la défense des côtes menacées d'un débarquement.

Ce plan n'avait de chance de réussite que si on gagnait l'ennemi de vitesse. Il fallait, dans ce but, rassembler en peu de jours sur les points déterminés non seulement le nombre d'hommes voulu, mais les accessoires essentiels tels que les voitures, le train, les parcs, les équipages de ponts, les chaloupes canonnières pour protéger le passage du Rhin, enfin l'approvisionnement de biscuit indispensable pour nourrir une armée nombreuse qui marche réunie.

L'Empereur se flattait de pouvoir obtenir ce résultat et là fut son erreur, comme l'illusion de tout le monde fut de croire qu'au moyen des chemins de fer la concentration de tant d'hommes, de chevaux et de matériel pourrait se faire avec l'ordre et la précision nécessaires, bien que tout n'eût pas été réglé longtemps d'avance par une administration vigilante.

Les retards tinrent en grande partie aux vices de notre organisation militaire telle qu'elle existe depuis cinquante ans et qui se révélèrent dès les premiers moments.

Au lieu d'avoir comme en Prusse des corps d'armée toujours organisés, se recrutant dans la province et possédant sur les lieux leur matériel avec tous les accessoires, en France, les troupes appelées à composer une armée se trouvent dispersées sur tout le territoire, tandis que le matériel est amassé dans quelques villes au fond de magasins où tout s'encombre (1).

S'agit-il de former une division active, sur un point quelconque de la frontière, l'artillerie arrive généralement d'un lieu très éloigné, les voitures du train et d'ambulance de Paris et de Vernon, presque tous les approvisionnements de la capitale et les soldats de la réserve rejoignent de toutes les parties de la France. Les chemins de fer ne peuvent suffire à transporter les hommes, les chevaux et le matériel, la confusion s'introduit partout et souvent les gares sont remplies d'objets dont on ignore la nature ainsi que la destination.

En 1860, l'Empereur avait décidé que les recrues de la deuxième partie du contingent seraient exercées dans les dépôts de leurs départements, pour être, en temps de guerre, versées dans les régiments destinés à faire campagne. Cette disposition alliait les avantages du système prussien à ceux du système français. Les hommes de la réserve n'ayant qu'à se diriger de leurs villages au chef-lieu du département, y étaient assemblés, équipés en peu de temps et répartis dans les différents régiments. Cependant ceux-ci rapidement complétés ne se trouvaient pas comme en Prusse composés de la population de toute une province.

Malheureusement on modifia cette combinaison, au ministère de la guerre, en 1866, et on attribua, dès les premières opérations du recrutement, chaque soldat à un

---

(1) Il y a trois ans, comme on s'enquit, sur l'ordre de l'Empereur, du temps qu'il faudrait pour mettre sur roues les voitures engerbées à Vernon, on acquit la preuve que cette simple opération nécessiterait six mois de travail. On répartit alors ces voitures entre Paris, Châlons et Satory. Néanmoins la concentration en était encore trop grande, et elle a amené de fâcheuses conséquences.

régiment. De sorte que lorsque, en 1870, on appela la réserve, les hommes qui en faisaient partie durent, pour aller rejoindre leurs corps, suivre les itinéraires les plus compliqués. Ainsi, par exemple, ceux qui étaient à Strasbourg et dont les régiments se trouvaient en Alsace, au lieu d'être assemblés immédiatement au dépôt de Strasbourg, furent envoyés à leurs dépôts respectifs, peut-être dans le midi de la France ou même en Algérie, et obligés ensuite de retourner en Alsace pour être incorporés dans leurs régiments.

On conçoit tout ce qu'une pareille organisation dut apporter de retard dans l'arrivée de la réserve.

Il en fut de même pour les effets de campement, pour les voitures d'ambulance, pour celles des officiers : au lieu d'être distribués dans les dépôts au centre de chaque département, ils étaient entassés dans un petit nombre de magasins, de façon que beaucoup d'hommes de la réserve, ne purent rallier leurs corps que très imparfaitement équipés, dépourvus de sacs, tentes-abri, gamelles, bidons, marmites, tous objets de première nécessité.

A ces inconvénients il faut ajouter le peu d'initiative laissée aux généraux commandant les départements et aux intendants. Pour la plus petite chose il fallait un ordre ministériel. Impossible, par exemple, de donner ce qui était indispensable aux officiers, soit même les *nécessaires d'armes* aux soldats, sans un ordre venu de Paris.

Cette routine administrative enlevait aux généraux l'activité et la prévoyance qui suppléent quelquefois à un défaut d'organisation.

Cependant, hâtons-nous de le dire, pour composer une armée il faut moins compter sur l'intelligence des individus que sur une organisation solide faisant mouvoir des rouages simples, capables de fonctionner régulièrement pendant la guerre parce qu'ils ont été *habitués* à fonctionner régulièrement pendant la paix.

Malgré toutes les déceptions qu'on éprouva, il faut rendre justice aux hommes qui, au ministère de la guerre, furent chargés, au milieu d'une paix profonde, de mettre tout à coup en mouvement toute la puissance militaire de la France. En tenant compte des vices de l'administration, ce fut un vrai tour de force de mettre en ligne, en si peu de temps, des armées incomplétement formées, aucune mesure préparatoire n'ayant été prise à cet effet.

Sans doute on objectera que quelques-uns au moins des vices de l'administration française qui viennent d'être signalés devaient être corrigés d'avance. Mais on oublie combien il est malaisé d'avoir raison d'habitudes et de préjugés invétérés. D'ailleurs les chambres refusaient le concours nécessaire pour subvenir aux réformes les plus importantes. Qui ne se rappelle les difficultés et les réclamations auxquelles donna lieu le projet de loi sur l'organisation militaire ? L'opposition s'en tenait à sa théorie si vaine des levées en masse et le mauvais vouloir était partout. D'un autre côté l'Empereur, confiant dans des armées qui avaient remporté de si glorieux succès en Crimée et en Italie, n'était pas loin de penser qu'avec leur irrésistible élan elles pourraient suppléer à bien des insuffisances et assurer la victoire. Ses illusions ne furent pas de longue durée.

Arrivé à Metz le 28 juillet, il commença à craindre que des obstacles insurmontables ne fissent échouer ses projets.

L'armée de Metz au lieu de 150 mille hommes n'en comptait que 100 mille ; celle de Strasbourg que 40 mille au lieu de 100 mille et le corps du maréchal Canrobert avait encore une division à Paris et une autre à Soissons ; son artillerie ainsi que sa cavalerie n'étaient pas prêtes. De plus, aucun corps d'armée n'était encore complétement muni des accessoires exigés pour entrer en campagne.

L'Empereur donna des ordres précis pour qu'on activât l'arrivée des régiments qui manquaient, mais on lui obéit lentement, alléguant qu'on ne pourrait laisser l'Algérie, Paris et Lyon, sans garnison.

Toutefois l'espoir de réaliser le plan de campagne n'était pas perdu. On croyait que l'ennemi ne serait pas prêt avant nous ; on ignorait ses mouvements, de quel côté il réunissait ses forces, et c'est pour s'éclairer qu'on fit, le 2 août, la tentative de Saarbruck ; mais, le 4, l'attaque de la division Douay à Wissembourg par des forces imposantes et, deux jours plus tard, la glorieuse et funeste bataille de Freischweiller firent cesser toutes les incertitudes.

Le même jour, 6 août, le corps d'armée du général Frossard en venait aux mains sur les hauteurs de Spiekeren avec des troupes ennemies nombreuses, et, bien que le résultat de cet engagement n'ait pas été favorable, on peut affirmer que, si les deux divisions qui étaient en mesure de soutenir le général Frossard eussent exécuté plus promptement les ordres qu'elles avaient reçus du maréchal Bazaine, nous aurions ce jour-là remporté la victoire.

Quoiqu'il en soit, notre position était critique. Par l'initiative hardie des troupes allemandes qui débouchaient à la fois par la Sarre et par le Rhin, nous étions pris en flagrant délit de formation.

Le corps du général de Failly n'avait pas eu le temps de renforcer le corps du maréchal de Mac-Mahon et se trouvait séparé de l'armée de Metz; le corps du général Douay qui se rassemblait lentement à Belfort, se trouvait éloigné du théâtre des opérations militaires et l'armée du maréchal Canrobert n'était pas encore complétement formée au camp de Châlons.

Dans ces circonstances, profondément attristé de voir toutes ses combinaisons détruites et réduit en peu de jours à ne plus songer qu'à prendre une position défensive, l'Empereur résolut de ramener immédiatement l'armée au camp de Châlons où elle aurait pu recueillir les débris de l'armée du maréchal de Mac-Mahon, le corps de Failly et celui de Douay. Ce plan communiqué à Paris fut d'abord approuvé par le conseil des ministres; mais, deux jours après, une lettre de M. E. Ollivier informa l'Empereur qu'après mûre délibération le conseil avait pensé qu'il s'était trop hâté d'approuver la retraite de l'armée à Châlons, l'abandon de la Lorraine ne pouvant produire qu'un effet déplorable sur l'esprit public; en conséquence il engageait l'Empereur à renoncer à son projet. Celui-ci céda pour le moment à ce conseil.

L'effectif de l'armée de Metz fut porté à 140 mille hommes par l'arrivée du maréchal Canrobert avec deux divisions et des hommes de la réserve, et elle reçut l'ordre de se concentrer autour de Metz, dans l'espoir qu'elle pourrait tomber sur une des armées prussiennes avant qu'elles eussent opéré leur jonction. Malheureusement, comme si, dans cette campagne, tous les éléments de succès devaient nous faire défaut, non seulement la concentration de l'armée fut retardée par le combat de Spickeren et par le mauvais temps, mais son action fut paralysée par l'ignorance absolue où nous restâmes toujours de l'emplacement et de la force des armées ennemies. Les Prussiens cachèrent si bien leur mouvement derrière le formidable rideau de cavalerie qu'ils déployèrent devant eux dans toutes les directions, que, malgré les plus persévérantes recherches, on ne sut jamais réellement où était le gros de leurs troupes, et par conséquent où devait se produire l'effort le plus considérable; le 14 août comme le 16, on ne croyait nullement avoir toute l'armée prussienne sur les bras : personne ne doutait à Gravelotte de la facilité d'atteindre le lendemain Verdun; à Paris, on n'était pas mieux renseigné que nous.

Ces tristes débuts de la campagne devaient naturellement affecter l'opinion publique d'une manière pénible. L'Empereur sentit qu'on le rendait responsable de la mauvaise situation de l'armée, tandis que celle-ci accusait le maréchal Lebœuf des lenteurs et de l'insuffisance de l'organisation. Il se décida alors à donner le commandement au maréchal Bazaine dont tout le monde appréciait la capacité, et à supprimer les fonctions de major-général.

Pendant que ces événements se passaient, plusieurs généraux conjurèrent l'Empereur de quitter l'armée, lui faisant observer qu'il pouvait arriver que la communication avec Paris fût coupée, et qu'alors, bloqué dans Metz, séparé du reste de la France, le chef de l'État serait mis dans l'impossibilité de conduire les affaires du pays, de leur donner une direction utile, et que des agitations révolutionnaires pourraient résulter de cette situation.

Ces considérations avaient une incontestable valeur; elle n'échappa pas à l'Empereur, qui cependant ne voulait quitter l'armée que lorsqu'elle aurait repassé sur la rive gauche de la Moselle.

Il pressa le plus possible ce mouvement dont le maréchal Bazaine appréciait toute l'importance; mais le mauvais temps, l'encombrement des bagages en retardèrent la prompte exécution.

Arrivé à Gravelotte, l'Empereur, ne prévoyant pas une bataille générale et ne croyant qu'à des engagements partiels qui retarderaient la marche de l'armée, se décida à la précéder à Châlons. Il partit le matin du 16 août et passa à Conflans et Etain sans rencontrer un seul ennemi sur sa route.

Cependant cette suite non interrompue d'événements malheureux avait produit à Paris une vive impression, et les ministres inquiets de cet état de choses avaient cru pouvoir jusqu'à un certain point s'affranchir de l'action constitutionnelle que l'Empereur devait exercer, puisqu'il n'avait donné à la Régente que des pouvoirs restreints. Ainsi ils convoquèrent les chambres sans même en référer à l'Empereur, et, dès que celles-ci furent assemblées, ce fut, comme toujours dans les malheurs publics, l'opposition qui vit grandir son influence et qui paralysa le patriotisme de la majorité et la marche du gouvernement.

Depuis cette époque, les ministres semblèrent craindre de prononcer le nom de l'Empereur, et celui-ci, qui avait quitté l'armée et ne s'était dessaisi du commandement que pour reprendre en main les rênes de l'État, se vit bientôt dans l'impossibilité de remplir le rôle qui lui appartenait.

Parvenu au camp de Châlons, l'Empereur y trouva le duc de Magenta et le général Trochu; ce dernier avait été nommé par le ministre de la guerre commandant des troupes réunies au camp. Ces deux officiers généraux furent appelés par l'Empereur en un conseil auquel assistèrent le prince Napoléon, le général Schmitz, chef d'état-major du général Trochu, et le général Berthaut, commandant la garde nationale mobile. Il fut décidé que l'Empereur nommerait le général Trochu au commandement de l'armée de Paris, que les troupes réunies à Châlons se dirigeraient vers la capitale sous les ordres du maréchal de Mac-Mahon, que la garde nationale mobile se rendrait au camp de St-Maur, à Vincennes, et que l'Empereur irait à Paris comme son devoir l'y appelait.

Lorsque cette décision fut connue du gouvernement, elle suscita une vive opposition. Bien des objections furent présentées : «Paris, disait-on, est en parfait état de défense ; sa garnison est nombreuse ; l'armée de Châlons doit être employée à débloquer Metz ; la garde nationale mobile serait un danger pour la tranquillité de la capitale ; le caractère du général Trochu n'inspire aucune confiance ; enfin, le retour de l'Empereur à Paris serait très mal interprété par l'opinion publique. »

Néanmoins on se décida à exécuter les ordres de l'Empereur tout en insistant sur l'opportunité de secourir le maréchal Bazaine. Mais le duc de Magenta fit connaître au ministre de la guerre qu'il croyait que la marche vers Metz serait de la plus haute imprudence et signala tous les périls que présentait une semblable opération.

En effet, à cette époque, les armées prussiennes occupaient les deux côté d'un triangle dont nous devions parcourir le troisième côté. Le prince Frédéric Charles bloquait Metz avec 210,000 hommes. Le prince royal de Saxe occupait, avec 100,000 hommes, le pays qui s'étend de la frontière belge à Verdun et reliait sa gauche à l'armée du prince royal de Prusse qui, à la tête de 150,000 hommes, avait établi son quartier-général à Bar-le-Duc.

Il déclara donc qu'il ne voulait pas exposer des troupes encore imparfaitement organisées à faire devant un ennemi très supérieur en nombre une marche de flanc extrêmement périlleuse, et annonça qu'il allait s'acheminer vers

Reims, d'où il pourrait se porter soit sur Soissons soit sur Paris. «C'est seulement sous les murs de la capitale, disait-il, que mon armée reposée et reconstituée pourra offrir à l'ennemi une résistance sérieuse.» En conséquence l'armée fut dirigée sur Reims le 21, et prit position en arrière de cette ville. Mais le langage de la raison n'était pas compris à Paris : on voulait à tout prix donner à l'opinion publique la vaine espérance que le maréchal Bazaine pourrait être secouru, et le duc de Magenta reçut du conseil des ministres, auquel s'étaient adjoints le conseil privé et les présidents des deux chambres, l'injonction la plus pressante de marcher dans la direction de Metz.

Le maréchal de Mac-Mahon, homme de devoir avant tout, obéit et résolut de courir la chance qui lui était présentée ; tout ce qui ressemblait à un sacrifice pour le bien public allait à son âme élevée et il était flatté de l'idée qu'en attirant à lui toutes les forces ennemies il délivrait momentanément la capitale et lui donnait le temps de terminer ses moyens de défense. Quant à l'Empereur il ne fit aucune opposition. Il ne pouvait entrer dans ses vues de résister aux conseils du gouvernement de la Régente laquelle montrait autant d'intelligence que d'énergie au milieu des plus grandes difficultés, quoiqu'il vît que son action s'effaçait complétement puisqu'il n'agissait plus ni comme chef du gouvernement, ni comme chef de l'armée : il se décida à suivre de sa personne les mouvements de l'armée, sentant bien cependant que, s'il y avait des succès, tout le mérite en serait attribué comme de juste au général en chef et que, en cas de revers, on ferait retomber la responsabilité sur le chef de l'État.

Il n'est pas inutile d'examiner de quels éléments était

composée l'armée de Châlons. Le 1ᵉʳ corps, formé en majeure partie des régiments d'Afrique, avait fait preuve à Freischweiller d'une héroïque valeur que l'écrasante supériorité numérique de l'ennemi avait seule pu vaincre. Vivement impressionnées par la défaite et les effets foudroyants de l'artillerie prussienne, ces troupes rapportaient du champ de bataille des dispositions fâcheuses que leur retraite jusqu'à Châlons, des marches incessantes et longues, des privations matérielles avaient encore aggravées. Le maréchal de Mac-Mahon ne se le dissimulait pas et comprenait qu'avant de les ramener au feu, il eût été sage de leur donner le repos et le temps capables de les raffermir. C'étaient nos plus vieilles troupes; entourées de la renommée qui s'attache à bon droit aux soldats d'Afrique, elles l'avaient amplement justifiée. Le spectacle de leur découragement donné au reste de l'armée était donc doublement à craindre.

Déjà le 5ᵐᵉ corps en avait particulièrement ressenti l'effet. Épuisé, lui aussi, par des marches précipitées qui l'avaient porté de Bitche à travers les Vosges par Neuf-Château et la Haute-Marne jusqu'au camp de Châlons, ayant perdu sans combattre une partie de son matériel et presque tous ses bagages, le 5ᵐᵉ corps offrait un aspect de lassitude et de désorganisation de nature à inspirer de vives inquiétudes.

Le 7ᵉ corps dont l'organisation tardive était à peine terminée, n'avait sans doute pas traversé les mêmes épreuves que les deux précédents; mais, par suite de la longue marche en arrière qui l'avait ramené de Belfort, à travers Paris au camp de Châlons, il ne présentait pas la solidité qu'on aurait désirée.

Quant au 12ᵐᵉ corps, de création toute récente, il comprenait des éléments de valeur bien diverse. La 1ʳᵉ division se composait de régiments neufs sur lesquels on avait raison de compter ; la 2me de quatre régiments de marche formés de quatrièmes bataillons avec des cadres incomplets et des soldats qui n'avaient jamais tiré un coup de fusil. La 3me division enfin, de quatre régiments d'infanterie de marine qui se sont bravement comportés à Sedan, mais qui, peu habitués aux longues marches, allaient semer les routes de traînards.

Telles étaient les troupes auxquelles on allait imposer le plan de campagne le plus difficile et le plus téméraire.

L'armée revint donc sur ses pas et partit de Reims le 23 ; mais, à peine avait-elle fait une marche en s'établissant sur la Suippe, à Bethniville, que la difficulté des approvisionnements obligea le maréchal de Mac-Mahon à se rapprocher de la ligne du chemin de fer. Il fit un mouvement sur sa gauche et arriva à Rethel le 24, afin de donner à ses troupes plusieurs jours de vivres. Cette distribution occupa toute la journée du 25. De Rethel, le quartier-général fut porté à *Tourteron*.

Depuis le commencement de la guerre le Prince Impérial, malgré son jeune âge, avait toujours suivi son père et partagé, à travers toutes les péripéties, les fatigues de la campagne ; mais, en présence des dangers exceptionnels qui nous menaçaient, le maréchal insista auprès de l'Empereur pour que le Prince Impérial fût éloigné du théâtre de la guerre. Il partit donc à son grand regret pour Mézières et se rendit ensuite en Belgique lorsqu'il apprit la nouvelle de la capitulation de Sedan.

Le 27, l'armée arriva au *Chêne-populeux*. A cet endroit, l'armée du prince de Saxe avait fait sa jonction avec celle du prince royal de Prusse et leurs avant-gardes étaient déjà aux prises avec les corps des généraux de Failly et de Douay. Le maréchal, voyant l'ennemi le gagner de vitesse, résolut, pour sauver la seule armée que la France eût encore disponible, de reprendre la direction de l'ouest. Il donna aussitôt des ordres dans ce sens; mais, pendant la nuit, il reçut par le télégraphe l'injonction formelle de continuer sa marche vers Metz. Certe l'Empereur pouvait s'opposer à cet ordre, mais il était décidé à ne point contre-carrer la décision de la Régence, et il était résigné à subir les conséquences de la fatalité qui s'attachait à toutes les résolutions du gouvernement. Quant au duc de Magenta, il se soumit de nouveau à la décision venue de Paris, et reprit la direction de Metz.

Ces ordres et contre-ordres amenèrent des ralentissements dans les mouvements. Le quartier-général atteignit *Stonne*, le 28; par malheur, les différents corps d'armée éloignés les uns des autres ne purent se grouper autour de cette position, et ceux de Failly et de Douay furent attaqués isolément.

L'intention du maréchal était d'arriver à Stenay et de là à Montmédy; mais déjà l'ennemi était en force dans la première de ces deux villes : l'armée prussienne avait fait des marches forcées, tandis que, encombrés de bagages, nous avions mis avec des troupes fatiguées six jours à parcourir vingt-cinq lieues. Il fallut alors établir le quartier-général à Raucourt, afin de passer la Meuse à Mouzon.

Tandis que, dans la matinée du 30 août, une partie de l'armée opérait ce mouvement, déjà exécuté la veille au soir par le général Lebrun, les corps de Failly et de Douay, restés sur la rive gauche de la Meuse, en venaient aux prises, vers Beaumont, avec l'avant-garde de la grande armée prussienne. Le corps de Failly, vivement poussé par les troupes qui l'attaquaient, fit bonne contenance pendant plusieurs heures, mais il finit par être rejeté en désordre vers Mouzon. La brigade envoyée pour le soutenir fut entraînée dans la retraite. De son côté, le général Douay, arrivant à Remilly, dut traverser le passage étroit de la Meuse qui présentait les plus grandes difficultés ; le désordre se mit aussi dans ses troupes. Enfin le corps du général Ducrot atteignait Carignan après une marche longue et pénible.

Pour la troisième fois, le maréchal de Mac-Mahon fut contraint de renoncer au projet d'aller au secours du maréchal Bazaine, et, dans la nuit du 30, les événements de la journée lui ayant démontré l'impossibilité d'atteindre Montmédy, il donna l'ordre de se retirer sur Sedan.

Cette ville, classée comme place forte, est dominée de tous les côtés et incapable de résister à la puissance de la nouvelle artillerie. Elle était d'ailleurs incomplètement armée et mal approvisionnée, ne possédait aucun ouvrage extérieur et ne pouvait offrir aucun appui à une armée en retraite. A vrai dire, elle n'avait d'importance que parce qu'elle se reliait à Mézières et à Paris par la ligne du chemin de fer qui, passant par Hirson, était le seul moyen de ravitaillement.

Les troupes affaiblies par des marches continues, affectées par des échecs successifs, rétrogradèrent sans beaucoup d'ordre vers Sedan : elles y arrivèrent harassées dans la nuit du 30 au 31 et dans la matinée du 31.

L'Empereur, qui, le 30 au soir, se trouvait avec le corps du général Ducrot à Carignan où devait être le quartier-général, reçut dans la soirée même la nouvelle du mouvement de retraite et le conseil de la part du maréchal de Mac-Mahon de prendre le chemin de fer pour se rendre à Sedan. Rien n'était plus facile à l'Empereur que de pousser jusqu'à Mézières, et de mettre ainsi sa personne à l'abri. On lui en fit la proposition, *il la re-*

poussa, ne voulant pas se séparer de l'armée, et étant déterminé à partager son sort quel qu'il fût. Le 31 au matin la proclamation suivante fut distribuée aux troupes.

Soldats,

Les débuts de la guerre n'ayant pas été heureux, j'ai voulu, en faisant abstraction de toute préoccupation personnelle, donner le commandement des armées aux maréchaux que désignait plus particulièrement l'opinion publique.

Jusqu'ici le succès n'a pas couronné vos efforts; néanmoins j'apprends que l'armée du maréchal Bazaine s'est refaite sous les murs de Metz et celle du maréchal de Mac-Mahon n'a été que légèrement entamée hier. Il n'y a donc pas lieu de vous décourager. Nous avons empêché l'ennemi de pénétrer jusqu'à la capitale et la France entière se lève pour repousser ses envahisseurs. Dans ces graves circonstances, l'Impératrice me représentant dignement à Paris, j'ai préféré le rôle de soldat à celui de souverain. Rien ne me coûtera pour sauver notre patrie. Elle renferme encore, Dieu merci, des hommes de cœur et, s'il y a des lâches, la loi militaire et le mépris public en feront justice.

Soldats, soyez dignes de votre ancienne réputation! Dieu n'abandonnera pas notre pays, pourvu que chacun fasse son devoir.

Fait au quartier Impérial de Sedan, le 31 août 1870.

NAPOLÉON.

Cette proclamation qu'on eut à peine le temps de répandre fut le dernier appel que l'Empereur adressa à ses soldats.

Pendant que l'armée française prenait position autour de Sedan, les Prussiens, au nombre de 230,000, poursuivaient leur marche sur nos traces et arrivaient presque en même temps que nous en vue de la place. Il était trop tard pour échapper à la nécessité de la bataille qu'ils nous offraient et que nous devions accepter maintenant dans la position désavantageuse où nous étions acculés.

Nos quatre corps d'armée étaient massés non loin de la ville dans l'ordre assigné pour le mouvement de retraite. Le 7me corps, qui formait l'arrière-garde dans la marche sur Metz, se trouvait en tête, à cheval sur la route départementale de Mézières à l'ouest de Sedan, occupant le terrain depuis Floing jusqu'au Calvaire d'Illy. Le 1er corps s'étendait de la petite Moncelle à Givonne et à Daigny. Le 5me corps était placé partie dans la ville, partie sur les hauteurs qui dominent au Sud-Est le fond de Givonne. Le 12me corps occupait la Moncelle, la petite Moncelle et la Platrerie près de Bazeilles.

L'armée se trouvait donc formée en demi cercle autour de la ville, les deux ailes appuyées à la Meuse. Jamais armée n'avait été placée dans des conditions aussi défavorables. Généralement on suit un plan d'opérations bien défini, assurant une ligne de retraite sur laquelle sont les réserves, les ambulances, etc.; ici, au contraire, nos troupes risquaient d'être entourées de tous côtés sans ligne de retraite et, si elles avaient le malheur de vouloir se réfugier dans la ville, elles ne pouvaient que se précipiter dans un défilé inextricable à travers des portes étroites et des rues encombrées de chariots et de bagages.

Telle était cependant la conséquence d'un plan de campagne imposé de Paris et contraire aux principes les plus élémentaires de l'art de la guerre.

Le 31 au matin le corps du général Lebrun avait déjà été engagé et avait soutenu la lutte avec autant d'énergie que de courage. Mais l'armée ennemie, comptant sur la supériorité du nombre, avait divisé ses forces en deux masses principales qui devaient attaquer séparément, l'une par la droite et l'autre par la gauche. Son but était de tourner les deux ailes de notre armée et, en se réunissant sur les hauteurs derrière Sedan, de l'envelopper entièrement. Un corps de réserve, composé d'infanterie et d'une nombreuse cavalerie placée dans la plaine près de Donchery, était disposé pour empêcher toute communication avec Mézières, et les contre-forts sur la rive gauche de la Meuse étaient garnis d'une nombreuse artillerie qui flanquait les attaques de la rive droite.

Dans ces conditions, il n'y avait, selon nous, qu'une résolution suprême à adopter pour sauver l'armée, c'était de prendre sa ligne de retraite sur le territoire neutre de la Belgique. Il était trop tard pour tenter de se faire jour soit à l'Est, vers Carignan, soit à l'Ouest vers Mézières; car, d'un côté comme de l'autre, l'armée se serait trouvée entre deux feux en présence de forces supérieures.

Mais, pour échapper à un investissement comme pour opérer une retraite assurée, il fallait occuper en force les hauteurs d'Illy et de Givonne, abandonner la ville de Sedan à ses propres ressources, faire volte-face et se retirer par les routes qui conduisent en Belgique.

En se plaçant avec une nombreuse artillerie sur les hauteurs qui viennent d'être indiquées, on pouvait espérer contenir l'ennemi et protéger efficacement la retraite. Malheureusement les deux chefs qui se succédèrent dans le commandement de l'armée, après la blessure du maréchal de Mac-Mahon, se proposaient chacun un but différent, de sorte que le plateau d'Illy qui était le point le plus important ne fut que faiblement occupé.

Le 1er septembre, avant 5 heures du matin, l'attaque commença vers l'Est, à Bazeilles, s'étendit à la Moncelle et Givonne, et, à l'Ouest, sur les hauteurs de Floing.

Dès 5 heures, le maréchal de Mac-Mahon se porta aux avant-postes près de Bazeilles et fit prévenir l'Empereur qui monta à cheval et accourut aussitôt sur le champ de bataille. Il rencontra en chemin le maréchal qu'on ramenait à Sedan, blessé d'un éclat d'obus. Ce malheureux événement, au commencement de l'action, était d'un triste augure ; l'armée avait une confiance entière dans la bravoure et la capacité du duc de Magenta. Celui-ci avait laissé le commandement au général Ducrot qui était au courant de ses intentions. Le général de Wimpffen étant le plus ancien et produisant une lettre de service du ministre de la guerre réclama et obtint le commandement en chef. Cette substitution amena de fâcheuses conséquences, car ce n'est pas sans danger que, dans le cours d'une bataille on change les dispositions antérieurement prises.

Jusqu'à deux heures les troupes soutinrent avec vigueur une lutte inégale. Mais, vers le même temps, l'armée du prince royal de Prusse venant de l'Ouest et celle du prince royal de Saxe venant de l'Est opérèrent leur jonction sur le plateau d'Illy et l'armée française se trouva entièrement cernée. Dès lors la bataille pouvait être considérée comme perdue et notre armée comme prisonnière ; car, coupée de Mézières d'où elle tirait ses vivres et ses munitions, elle n'avait plus d'autre ressource que de se rapprocher des fortifications de la place où elle allait occuper un point central en butte au feu de 500 canons placés à la circonférence. Aussi, ni les efforts des différents commandants des corps d'armée et des officiers en général, ni l'héroïsme de notre artillerie, ni les charges brillantes de notre cavalerie, rien ne put arrêter la retraite de nos troupes.

L'Empereur s'était d'abord dès le matin porté en avant

du village de Balan où, comme nous l'avons dit, le 12e corps commandé par le général Lebrun était fortement engagé contre l'ennemi et maintenait vigoureusement ses positions; de là, il gravit les côteaux de la Moncelle couronnés par des batteries d'artillerie et d'où l'on pouvait embrasser une grande partie du champ de bataille, il traversa ensuite le fond de Givonne rencontrant un grand nombre de blessés et parmi eux le brave colonel du 5e de ligne qui, étendu sur un brancard, se souleva, en le voyant passer, pour crier encore : Vive l'Empereur! touchant témoignage de l'attachement que lui portait l'armée. En remontant sur les hauteurs il fut rejoint un moment par le général de Wimpffen. Sur tous les points le terrain était sillonné par une quantité prodigieuse d'obus arrivant à la fois de droite et de gauche et entrecroisant leurs feux.

Après être resté pendant cinq heures exposé à cette explosion de projectiles, l'Empereur revint à Sedan pour conférer, si c'était possible, avec le maréchal Mac-Mahon ; il avait l'intention d'en ressortir, mais cela ne lui fut pas permis : les rues, les places, les portes étaient obstruées par tous les *impedimenta* qu'une armée en retraite précipitée entraîne à sa suite : chariots de toute espèce, débris de toute sorte entassés pêle-mêle. Cependant le reste de l'armée combattait encore sur les hauteurs aux portes de la ville, mais les corps n'ayant pas pu rester unis n'offraient plus aucune consistance.

Vers trois heures et demie le général de Wimpffen envoya un officier proposer à l'Empereur de se placer au milieu d'une colonne qui essayerait de se faire jour à travers l'ennemi vers Carignan. L'Empereur qui avait reconnu l'impossibilité de sortir à cheval de la ville fit répondre qu'il ne pouvait aller rejoindre (1) le général, que d'ailleurs il n'entendait pas, pour sauver sa personne, sacrifier la vie d'un grand nombre de soldats et qu'il était décidé à partager le sort de l'armée. La proposition du général de Wimpffen, comme l'événement l'a prouvé, n'avait aucune chance de réussite. Celui-ci voulut néanmoins faire cette tentative désespérée, mais il ne put rassembler que deux mille hommes ; après s'être avancé de trois cents pas, il reconnut lui-même l'impossibilité de poursuivre et fut forcé de rentrer dans la place.

C'est alors que les commandants des corps d'armée vinrent annoncer à l'Empereur que leurs troupes, après avoir supporté pendant près de douze heures un combat inégal, exténuées de fatigue et de faim, ne pouvaient plus opposer une résistance sérieuse.

En effet, les soldats pressés contre les murs, jetés dans les fossés, étaient décimés par l'artillerie ; la place elle-même encombrée de débris de tous les corps était bombardée de tous les côtés.

Les projectiles mettaient le feu dans les maisons et venaient frapper les blessés qu'on y avait recueillis. La grande caserne convertie en hôpital et sur le toit de laquelle flottait le drapeau à croix rouge, n'était pas épargnée, et hommes et chevaux, entassés dans la cour, étaient continuellement atteints. Parmi les officiers et les soldats plusieurs trouvèrent la mort dans les rues balayées par les batteries ennemies, entre autres deux généraux.

L'Empereur essaya alors de faire parvenir au général de Wimpffen le conseil de demander un armistice, car

---

(1) L'un des officiers qui vint offrir à l'Empereur de se frayer un passage à travers l'ennemi ne put même pas rejoindre le général de Wimpffen.

chaque moment de retard augmentait le nombre des victimes. Ne recevant aucune nouvelle du général, à la vue de tant de sang versé inutilement, dans cette position désespérée, il fit arborer le drapeau blanc sur la citadelle.

Dans le même temps le Roi de Prusse dépêchait un officier à Sedan pour demander qu'on rendît la place. L'Empereur dessaisi du commandement de l'armée en référa au général de Wimpffen. Celui-ci, envisageant toute la gravité des circonstances et ne voulant pas prendre sur lui l'initiative de la capitulation, envoya sa démission qui ne fut pas acceptée.

L'Empereur convaincu, d'après l'affirmation de la presse, que le roi avait déclaré faire la guerre non pas à la France mais à son souverain, n'hésita pas à se constituer prisonnier dans l'espoir que le but de la guerre étant atteint par le sacrifice de sa liberté, le vainqueur serait moins exigeant envers la France et l'armée. Il adressa au Roi, par un de ses officiers, la lettre suivante :

« Monsieur mon frère,

« N'ayant pas pu mourir au milieu de mes troupes, il ne me reste » qu'à remettre mon épée entre les mains de Votre Majesté.

Je suis de Votre Majesté

Le bon frère,

NAPOLÉON. »

Le Roi répondit :

« Monsieur mon frère,

En regrettant les circonstances dans lesquelles nous nous rencontrons, j'accepte l'épée de Votre Majesté, et je la prie de bien vouloir nommer un de vos officiers muni de vos pleins pouvoirs pour traiter de la capitulation de l'armée qui s'est si bravement battue sous vos ordres. De mon côté j'ai désigné le général de Moltke à cet effet.

Je suis de Votre Majesté

Le bon frère,

GUILLAUME.

Devant Sedan, le 1er septembre 1870.

Le général de Wimpffen se rendit au quartier-général prussien afin d'y discuter les termes de la capitulation. Dans cette entrevue le général français tâcha d'obtenir le traitement le plus favorable; mais le général de Moltke lui répondit : « Votre armée ne compte pas en ce moment plus de 80,000 hommes; nous en avons 230,000 qui l'entourent complétement; notre artillerie est toute en position et peut foudroyer la place en deux heures; vos troupes ne peuvent sortir que par les portes, sans possibilité de se former en avant; vous n'avez de vivres que pour un jour et presque plus de munitions. Dans cette situation la prolongation de la défense ne serait qu'un massacre inutile; la responsabilité retombera sur ceux qui ne l'auront pas empêché. »

En revenant à Sedan le général de Wimpffen assembla un conseil de guerre composé d'environ 32 officiers généraux et, à l'unanimité moins deux voix, on convint que toute lutte nouvelle entraînerait inutilement la ruine de milliers d'hommes, et la capitulation fut signée.

Le 2 septembre fut une journée dont le souvenir néfaste ne s'effacera jamais de notre esprit.

M. de Bismarck avait fait dire à l'Empereur, la veille, que le Roi de Prusse lui offrait un rendez-vous pour le lendemain. En conséquence l'Empereur partit de Sedan dans la matinée du 2 et fit prévenir le comte de Bismarck de son arrivée, en lui demandant quel était le lieu fixé pour l'entrevue. Il attendit le chancelier de la confédération de l'Allemagne du Nord dans une petite maison sur la route de Donchery. Celui-ci ne tarda pas à s'y rendre. Dans la conversation qui eut lieu, l'Empereur s'empressa de déclarer qu'ayant donné tous les pouvoirs à la Régente il ne pouvait point traiter des conditions de la paix ; qu'il se bornait à remettre sa personne entre les mains du Roi, ne réclamant rien pour lui et faisant appel à sa générosité pour son armée et pour la France. Il ajouta que, la guerre ayant été malheureuse, il ne repoussait nullement la responsabilité qui lui incombait, mais que néanmoins il devait constater qu'il n'avait obéi qu'au sentiment national violemment excité. Les journaux ont fait un crime à l'Empereur de ces paroles et cependant, dans sa proclamation à l'armée, la veille de son départ de Paris, comme dans sa réponse au président du corps législatif, il avait exprimé cette même pensée en disant : « Nous » avons fait tout ce qui dépendait de nous pour éviter » la guerre et je puis dire que c'est la nation tout en-» tière qui, dans son irrésistible élan, a dicté nos ré-» solutions. » Cette constatation était indispensable puisqu'on l'accuse encore aujourd'hui d'avoir tiré l'épée dans un intérêt dynastique.

Les deux souverains se rencontrèrent dans le château de Bellevue aux environs de Sedan. Dans cette conférence le Roi témoigna des sentiments élevés qui l'animaient, en ayant pour l'Empereur tous les égards que comportait son malheur, et celui-ci conserva une attitude pleine de dignité.

Le général de Wimpffen qui avait dit à l'Empereur que l'armée comptait sur son intervention auprès du Roi de Prusse pour obtenir de meilleures conditions, fut averti de l'impuissance de ses efforts.

Tel est le récit des opérations militaires qui se terminèrent si malheureusement par la reddition de l'armée à Sedan.

Une si épouvantable catastrophe ne doit pas seulement nous arracher des larmes : elle doit aussi être féconde en enseignements et fournir des leçons qu'on ne saurait oublier.

Les succès de la Prusse sont dus à la supériorité du nombre, à la rigoureuse discipline de son armée, à l'empire qu'exerce dans toute l'Allemagne le principe d'autorité. Que nos malheureux compatriotes qui sont prisonniers profitent au moins de leur séjour en Prusse pour apprécier ce que donnent de force à un pays le pouvoir respecté, la loi obéie, l'esprit militaire et patriotique dominant tous les intérêts et toutes les opinions. Certe la lutte était disproportionnée; mais elle aurait pu être plus disputée et moins désastreuse pour nos armes, si les opérations militaires n'avaient pas été sans cesse subordonnées à des considérations politiques. Nous aurions aussi été mieux préparés si les chambres n'avaient pas sans cesse été préoccupées de réduire le budget de la guerre et si elles ne s'étaient pas toujours opposées aux mesures qui devaient augmenter les forces nationales. Quinze jours avant la déclaration de guerre, la commission du budget du corps législatif émettait l'intention de supprimer la garde Impériale et de réduire l'effectif de l'armée.

A ces causes principales de nos revers nous devons ajouter les regrettables habitudes introduites dans l'armée par la guerre d'Afrique. Manque de discipline, manque d'ensemble, défaut d'ordre, exagération du poids que porte le soldat et du nombre de bagages des officiers, tels sont les abus qui se sont introduits dans nos armées. Le fantassin français, renommé autrefois pour la rapidité de sa marche, est devenu plus lourd que le fantassin allemand. Le laisser-aller de la tenue influe sur l'esprit militaire : nos officiers et nos soldats semblent ne plus être fiers de porter l'uniforme, et la bigarrure du costume affecte péniblement les yeux. Cet abandon dans la tenue se reproduit dans tout le reste : on ne sert plus avec cette régularité, cet amour du devoir, cette abnégation de soi-même qui sont les premières qualités de ceux qui commandent comme de ceux qui obéissent.

En résumé, l'armée réfléchit toujours l'état de la société dans laquelle elle a été formée. Tant que le pouvoir en France a été fort et respecté, la constitution de l'armée a présenté une solidité remarquable ; mais, lorsque les violences de la tribune et de la presse sont venues affaiblir l'autorité et introduire partout l'esprit de critique et d'indiscipline, l'armée s'en est ressentie.

Dieu veuille que le drame terrible qui se déroule serve de leçon pour l'avenir et que notre patrie se relève de la catastrophe qu'elle vient de subir !

FIN.

PLAN DE LA BATAILLE DE SEDAN, livrée le 1.er Septembre 1870 (au commencement de la journée
à l'Echelle de 1/80.000 (0.m001 pour 80 mètres).

Notice.

Armée Française ▭

A. 12.e Corps (G.al Lebrun)
B. 1.er Corps (G.al Ducrot)
C. 5.e Corps (G.al de Wimpffen)
D. 7.e Corps (G.al Douay)
E. Cavalerie ▫

Armée Prussienne ▬

F. 1.er Corps bavarois (II.e Armée)
G. 2.e Corps (7.e et 8.e Div.ons)(III.e A.)
H. 11.e Corps (Saxons)(III.e A.)
I. Corps de la Garde (III.e A.)
K. 5.e Corps (IV.e A.)
M. 11.e Corps (IV.e A.)
N. 2.e Corps bavarois (IV.e A.)
O. Division wurtembergeoise (IV.e A.)
P. Cavalerie ▪

III.e Armée, Prince Royal de Prusse
IV.e Armée, Prince Royal de Saxe.

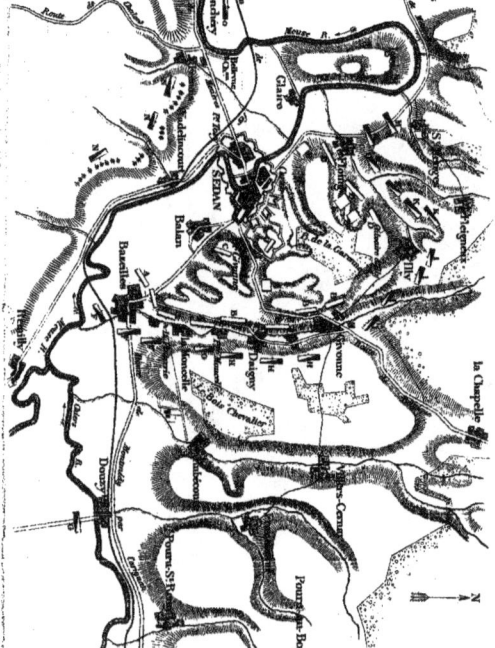

DE LA BATAILLE DE SEDAN, livrée le 1er Septembre 1870 (au commencement de la journée).
à l'Échelle de 1/80.000 (0m001 pour 80 mètres).

Armée Française

A. 12e Corps (Gal Lebrun)
B. 1er Corps (Gal Ducrot)
C. 5e Corps (G-al de Wimpffen)
D. 7e Corps (Gal Douay)
E. Cavalerie

Armée Prussienne

F. 1er Corps bavarois (IIIe Armée) IIIe Armée, Prince Royal de Prusse
G. 2e Corps (7e et 8e Div-ons) (IIIe A) IVe Armée, Prince Royal de Saxe
H. 11e Corps (Saxons) (IIIe A)
I. Corps de la Garde (IVe A)
K. 5e Corps (IVe A)
M. 11e Corps (IVe A)
N. 2e Corps bavarois (IVe A)
O. Division wurtembergeoise (IVe A)
P. Cavalerie

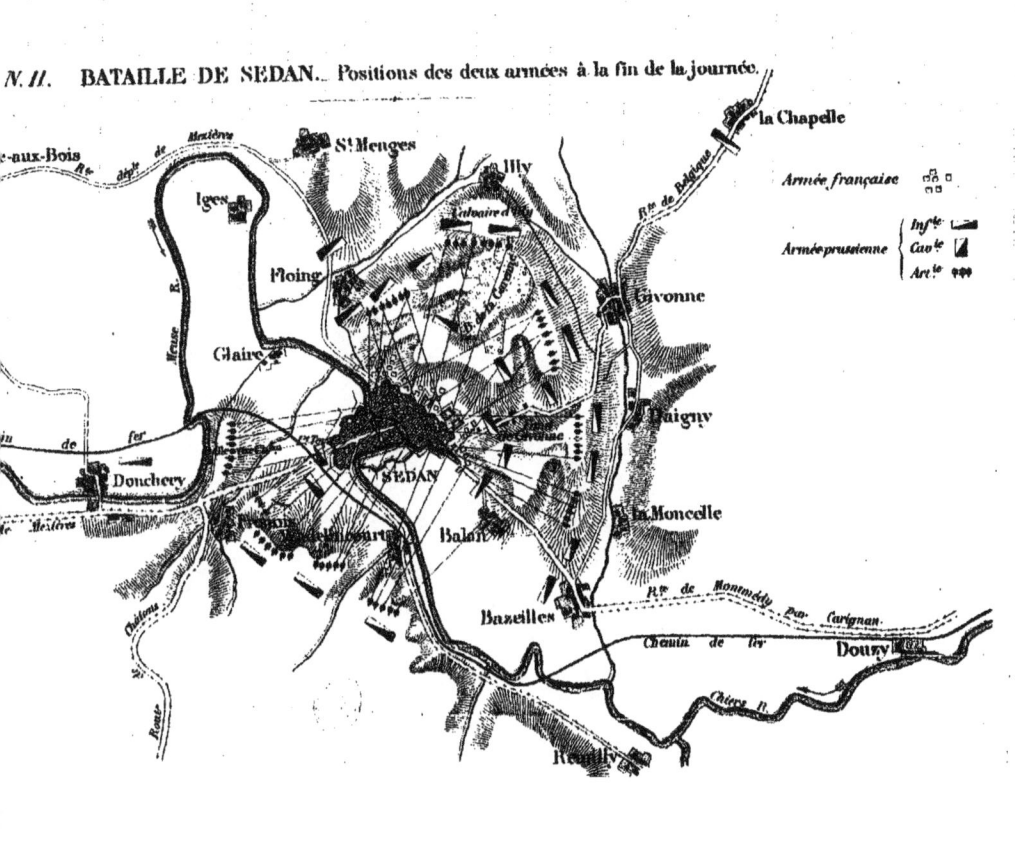

www.ingramcontent.com/pod-product-compliance
Lightning Source LLC
Chambersburg PA
CBHW060555050426
42451CB00011B/1927